D1640325

Paul Deitenbeck
Geh den Weg der Freude

Paul Deitenbeck

Geh den Weg der Freude

JOHANNIS
LAHR

Die Deutsche Bibliothek – CIP-Einheitsaufnahme

Deitenbeck, Pauk:
Geh den Weg der Freude / Paul Deitenbeck. – Lahr :
Johannis, 1995
   (Die Reihe in großer Schrift ; 05227)
   ISBN 3-501-05227-8
NE: GT

ISBN 3-501-05227-8

Die Reihe in großer Schrift 05227
© 1995 by Verlag der St.-Johannis-Druckerei, Lahr
Gesamtherstellung:
St.-Johannis-Druckerei, 77922 Lahr
Printed in Germany 12058/1995

INHALT

VORWORT

Die Freude am Herrn setzt uns in den Stand, anderen als Gehilfen der Freude und Gefährten des Trostes das Leben leichter und erträglicher zu machen. Wir sind darum als Boten solcher Freude und Träger solcher Hoffnung keine Träumer, die die Herausforderungen des Tages enthusiastisch überflattern. Im Gegenteil: Beflügelt von der Hoffnung auf die kommende Vollendung, die Gott und kein Mensch herbeiführen wird, drängt es uns, an unserem Teil die Verhältnisse dieser vergehenden Welt erträglicher zu machen. Wer solche Hoffnung hat, braucht in seiner Umgebung nicht als Zukurzgekommener im Selbstmitleid zu versinken oder als Verhinderter seiner Umgebung zur Last zu fallen.

Durch Christus Erlöste brauchen nicht zwischen Nachholungssucht und Torschlußpanik hin und her zu pendeln. Sie sind durch Gott zu einer Lebensführung eingeladen, die für den Nächsten frei ist zur Lebenshilfe und zum Glaubenszeugnis.

Unsere Verlorenheit ist zu Ende

Uns trennt von Gott nicht ein gelegentlicher Ausrutscher von der bürgerlichen Fahrbahn, was manche mit Sünde bezeichnen. Unser Leben steht insgesamt vor Gott im Defizit, denn in Gedanken, Worten und Werken haben wir immer wieder neu an Gott vorbei geplant und gehandelt und sollten doch nach dem ersten Gebot Gott über alle Dinge fürchten, lieben und vertrauen. Wir sind von Gott weggegangen und leben draußen vor der Tür. Alle Versuche, auf der steilen Rampe religiöser und sittlicher Leistungen Frieden mit Gott zu bekommen, scheitern. Gott selbst hat die Initiative ergriffen und für uns zahlungsunfähige Schuldner den Weg zurück frei gemacht. Das geschah durch das Leben und Sterben unseres Herrn. Und jeder, der im Glauben den Versöhnungstod Jesu am Kreuz als für sich geschehen bejaht, wird aus einem verlorenen Sünder aus lauter Gnade zu einem Kind Gottes gemacht.

Die Einsamkeit ist zu Ende

Draußen vor der Tür, gleichsam im Niemandsland, geht der Mensch seinen Weg einsam. Er ist zwar oft mit vielen zusammen, aber im Grunde doch allein. Weil er nicht aus dem Vertrauen zu Gott lebt, versucht er selber Schicksal zu spielen. So lebt er im Spannungsfeld von Fernweh und Heimweh, von Nachholungshunger und Torschlußpanik, von Hoffnung und Enttäuschung. Immer bemüht, das Beste, das Beglückendste aus seinem dahineilenden Leben herauszuholen. Weil Christus das Herz aller Dinge ist, darum bleibt jeder, auch bei der tüchtigsten Lebensbewältigung, sterneneinsam. Unser Herz wird darüber zu einer Vorratskammer von Geheimnissen, verliert sich an Menschen, Dinge und Verhältnisse und kommt doch nicht zum Frieden.

Wer aber im Glauben unter das Kreuz Jesu tritt, empfängt, wie Luther sagt, Vergebung der Sünden, Leben und Seligkeit. Es kommt zum Vergebungsfrieden, zum Vertrauensfrieden, zum Hoffnungsfrieden. Der Dichter Rudolf Alexander Schröder sagte einmal: »Christus hat mich von mir selber frei gemacht. Ich wäre an mir zugrunde gegangen. Darum danke ich Ihm.«

DIE RICHTUNGSLOSIG-KEIT IST ZU ENDE

Ich bin durch den Glauben, ohne jede Vorleistung meiner selbst, mit Gott in Frieden. Nun darf mein Leben im Lichte des Evangeliums in der Dankbarkeit, das heißt in der dienenden Bereitschaft vor Gott und zum Nächsten hin, sich entfalten.

Das Zeichen des Kreuzes weist auf die Bestimmung des Menschen hin. Der Längsbalken kennzeichnet die Lebensverbindung des Menschen mit Gott, der Querbalken die Verantwortung zum Nächsten hin. Durch den Glauben habe ich teil am Sein Jesu, durch die Liebe darf ich Anteil nehmen am Dasein des anderen. Aus

Dank und Liebe zu meinem Herrn darf ich es den Menschen meiner Umgebung leichter machen zu leben, zu glauben und zu lieben.

Überall bietet sich dem Glaubenden das Feld dieser Dankbarkeit: Im Haus, im Beruf, in Gemeinde und Vaterland, ja auch in der Verantwortung für den fernen Nächsten, der unter bedrückenden Lebensverhältnissen lebt.

CHRISTUS DURCH MICH

Gott will unser Leben groß anlegen.

Unser Leben soll nicht spurlos versickern. Gott will auch nicht, daß wir in privater Seligkeit dem

Himmel zusteuern. Er will mein Leben groß anlegen, damit es eine werbende Christusbotschaft für andere werde. Ihr seid ein Brief Christi, der gelesen wird von den Menschen. Ihr seid ein Wohlgeruch Jesu Christi, bei dem es nach dem Evangelium duftet. Der Geist Gottes will unser Leben fruchtbar machen. Unsere Freude am Herrn, unser Dank für sein Heil, soll ansteckend wirken. Auf einer Jugendfreizeit sagte eine Mitarbeiterin folgenden unvergeßlichen Satz: »Der größte Dienst, den ich auf dieser Erde tun kann, ist, daß ich den Dienst Jesu ganz an mir geschehen lasse.«

VOLLMACHT ZU EINEM NEUEN LEBEN

Er heilet alle deine Gebrechen.
(Psalm 103, 3)
Vergebung ist nicht einfach eine
Amnestie Gottes, wo es hinterher
doch im alten Trott weitergeht.
Vergebung ist zugleich Vollmacht
zu einem neuen Leben unter den
Augen unseres geliebten Herrn.
Wir werden ganz gewiß nicht
sündlose Mustermenschen. Aber
die totale Vergebung macht uns
frei zu dem heiligen Verlangen,
den Erwartungen Gottes fortan
besser zu entsprechen. Gottes
Gnade will uns in das Urbild der
Gottebenbildlichkeit verwandeln
von einer Klarheit zu der andern.
Seine Gnade ist heilsame Gnade.

WERDET NICHT DER MENSCHEN KNECHTE

Die beiden Fragen, die mit am schwersten im Menschenleben wiegen: Wie werde ich meine Schuld los? und: Wer fängt mich im Sterben auf? Diese Fragen sind im Evangelium beantwortet. Ich kann niemals tiefer fallen als

Jesus in die Hände, und er hat meine Schuld getragen als der Bürge Gottes, teuer erkauft, befreit, darum werdet nicht der Menschen Knechte.

Das gilt nicht nur für die Sklaven, das gilt überhaupt für uns. Wenn wir einmal still darüber nachdenken im Lichte Gottes, dann merken wir, wie abhängig wir sind vom Werturteil der Menschen, auf deren Urteil wir Wert legen. Wir gehen dann daher, und im Spiegelsaal des Werturteils von Menschen, die wir verehren oder lieben, sehen und messen wir unser Leben. Werdet nicht der Menschen Knechte, seid innerlich unabhängig, ihr gehört dem Herrn.

GOTT SCHENKT UNS DIE KRAFT

Gott hat uns nicht gegeben den Geist der Furcht, sondern der Kraft ... (2. Timotheus 1, 7)

Den Geist der Furcht bringen wir von Geburt an mit. Er gehört zur Seelenlage des Menschen, seit die Sünde in unsere wunderbare Schöpfung einbrach. Die Angst hat mancherlei Gesichter: Todesangst, Schicksalsangst, Menschenfurcht, Angst vor dem Verlust geliebter Menschen, vor Verlust des Arbeitsplatzes. Noch übergreifender ist in der modernen Welt die Angst vor dem Atomkrieg, vor Umweltverschmutzung, vor Verlust der wirtschaftlichen Reserven dieser Erde. Es gibt auch eine geheime, unerklärliche Angst, die Millionen Menschen neurotisch erkranken läßt.

Auf diesem Hintergrund leuchtet hell die Botschaft auf: Gott schenkt uns die Kraft.

Hier ist nicht die Tapferkeit der menschlichen Seele gemeint. Gemeint ist die Kraft des Heiligen Geistes.

Gott schenkt diese Kraft nicht im Reservekanister für lange Zeit im voraus. Gottes Kraft will in der jeweiligen Situation wirksam werden.

GOTT SCHENKT UNS DIE LIEBE

Gott hat uns nicht gegeben den Geist der Furcht, sondern . . . der Liebe . . . (2. Timotheus 1, 7)

Es geht bei dieser von Gott geschenkten Liebe nicht um die allgemeine Liebe, die wir als Schöpfungsgabe von Haus aus mitbekommen haben als Mutterliebe, Elternliebe, eheliche Liebe, Freundesliebe u.a. Das Reservoir solcher Liebe kann an seine Grenzen stoßen. Aber Gottes Liebe »hört niemals auf«.

Die moderne Psychologie lehrt, daß der Mensch zu seiner seelischen Gesundheit täglich rund 100 Zuwendungseinheiten ge-

braucht. Gottes Liebe ist uner-
schöpflich. Wir brauchen nicht an
irdischem Liebesmangel Schaden
zu leiden.

Bin ich von der Liebe Jesu über-
wunden, so drängt sie mich täglich neu zu Worten und Zeichen
der Liebe anderen gegenüber. Die
tragende Liebe macht dem anderen die Last leichter, gerade auch
durch mittragende Fürbitte. Die
ehrende Liebe wertet den anderen, gerade den verschüchterten
Menschen, auf durch Zeichen der
Aufmerksamkeit. Die vergebende
Liebe setzt einen Schlußstrich
hinter die erfahrene Lieblosigkeit
und macht Mut zu einem neuen
Anfang.

GOTT SCHENKT
DIE BESONNENHEIT

Gott hat uns nicht gegeben den Geist der Furcht, sondern . . . der Besonnenheit. (2. Timotheus 1, 7)

Auch hier geht es nicht um eine natürliche Bedachtsamkeit und Charakterstärke, die mancher als Seelenlage geschenkt bekommen hat. Es geht um eine innere Sammlung, die durchsonnt ist von der Liebe Gottes.

So will Gott den Alltag füllen mit geschenkter Besonnenheit in den Linien der menschenfreundlichen Gebote Gottes: Die Eltern in Ehren halten (4. Gebot)

Den Nächsten fördern und helfen in allen Leibesnöten (5. Gebot)

Den Ehegatten lieben und ehren
(6. Gebot)
Des Nächsten Lebensraum helfen
bessern und behüten (7. Gebot)
Nicht Rufmord üben, sondern alles zum Besten kehren (8. Gebot)
Wie das im einzelnen geschehen
kann, dazu will Gott die Besonnenheit von Fall zu Fall schenken. Dazu gilt auch: »Was ich
sage, muß wahr sein, aber ich
kann nicht immer alles sagen,
was wahr ist.« Dazu gehört auch
die Weisheit, dem anderen nahe
zu sein, ohne ihm zu nahe zu treten.

GOTT SCHENKT DIE WEISHEIT

Das Einmaleins und den pythago-
räischen Lehrsatz kann ich ler-
nen, ohne daß ich vom Heiligen
Geist erleuchtet bin. Wenn ich die
nötige Begabung habe, kann ich
durch Studium und Praxis vor-
dringen in den weiten Raum wis-
senschaftlicher Erkenntnis und
technischer Experimente.
Aber durch die Offenbarung Christi bekommen wir Erkenntnisse
geschenkt, die unabhängig vom
Fachabitur sind und die entschei-
dend sind für unser Leben in Zeit
und Ewigkeit. Durch Jesus erfahre ich, wie Gott uns gesonnen ist.
Durch Jesus erfahre ich, daß die
Welt durch die Sünde im Wider-

spruch lebt mit ihrem Schöpfer und mit sich selber und der Erlösung bedarf. Durch Jesus erkenne ich, daß ich vor Gott ein zahlungsunfähiger Sünder bin, auch wenn ich im bürgerlichen Sinne in diesem Leben manches Gute ausrichten kann. Nur als ein durch Jesus Erretteter bekomme ich Frieden mit Gott und findet mein Leben zu seiner ewigen Bestimmung.

Der französische Gelehrte Blaise Pascal hat einmal gesagt: Ohne Christus wissen wir weder wer Gott ist noch wer die Welt ist, noch wer wir selber sind.

In Jesus ist die Fülle

Wir verdanken viel den Prophe-
ten und Aposteln, den Kirchen-
vätern sowie den Christuszeugen
der Kirchengeschichte, Missiona-
ren, Evangelisten und Lehrern.
Auch die Beispiele ausgelebten
Christusglaubens im Leben
schlichter Christen gehören dazu.
Aber sie alle tragen nicht die Fül-
le der Weisheit und Erkenntnis.
Auch jede Kirche und Gemeinde
kann nur einen Bruchteil des
Reichtums Christi darbieten. Nur
in einer Person, in Jesus selbst, ist
der ganze Reichtum – wie der
Apostel Paulus in Kol. 2, 3
schreibt. Darum müssen wir zu
ihm selber gehen, einsam und in

der Gemeinschaft der Gemeinde unter dem Wort.

Immer mehr wird mir im Umgang mit dem Herrn eine Vergrößerung von Jesus geschenkt: Jesus der Sünderheiland, der erhöhte Hohepriester, das Haupt der Gemeinde, der Herr über alles! Der Weltenschöpfer und der Weltvollender. Wahrer Gott und wahrer Mensch. Durch wachsende Erkenntnis werden wir zum Dienst ertüchtigt: in Gemeinde und Welt, am nahen und fernen Nächsten, mit unseren Gaben und Grenzen.

MIT JESUS WIRD MAN NIE FERTIG

Immer mehr weitet sich der Raum der Erkenntnis und der Weisheit. Das Mosaik wird Stein um Stein erweitert. Man kommt aus dem Staunen nicht heraus. Das selbe Bibelwort entdecken wir in den Abständen unseres Lebens als unendlich reichhaltig. Immer neue Seiten gewinnen wir dem Bilde Christi ab.
Und doch bleibt alles nur bruchstückhaft, wie es in 1. Kor. 13 heißt: ». . . unser Wissen ist Stückwerk . . .«. Erst wenn wir bei Jesus am Ziel sind, wird alles Stückwerk aufhören. Dann werden wir Ihn sehen, wie Er wirklich ist und werden Ihm gleich sein.

BERUFEN ZUR BEWÄHRUNG DES GLAUBENS

Wir sind auch als Leute Jesu an einen ganz bestimmten Platz gestellt, den wir uns zum größten Teil gar nicht haben aussuchen können. Ich bin ein Kind des 20. Jahrhunderts, im Elternhaus aufgewachsen, männlichen Geschlechts, mit bestimmten Gaben und Grenzen, bestimmten Seelenlagen, Erbanlagen, körperlicher Größe, und das gebraucht Gott als Platzanweisung. Er erwartet von mir, daß ich in dieser Platzanweisung, in der ich lebe, ich, Paul Deitenbeck, mit meinen Gaben und Grenzen unter den Augen des Herrn lebe und diene.

Verzweifelt nicht man selbst sein wollen, sondern verzweifelt ein anderer sein wollen, das ist Sünde. Gott hat sich schon was dabei gedacht, daß er dich an diesen bestimmten Platz, in diese Umgebung gestellt und mit diesen Gaben und Grenzen ausgestattet hat, und er will aus deinem Leben an deinem Platz ein Optimum machen für sein Reich, das heißt, zur Ehre Gottes und zum Segen für andere.

ES KOMMT AUF DAS VORZEICHEN AN

Es kommt auf das Vorzeichen an, aus dem heraus ich lebe und meinen Dienst tue und dem Nächsten begegne. Es kommt darauf an, daß viel für Jesus und sein Reich dabei herauskommt.

Wir müssen davon wegkommen, als könnte ich nur im soge- nannten Reich-Gottes-Beruf dem Herrn dienen. Heute kommt den Christen, die in den weltlichen Berufen stehen, erhöhte Bedeu-

tung zu. In unsere Kirchen kommen viele Menschen nicht mehr, die Bibel lesen sie oft nicht mehr. Christen dürfen in ihrem Beruf etwas Einladendes haben, so daß durch sie die Menschen den Wunsch verspüren: Ich möchte so aus Vertrauen leben dürfen, wie ich es hier sehen kann.

BEAUFTRAGT, DINGE ZUM GUTEN ZU VERÄNDERN

Jünger Jesu sind dazu da, daß sie Verhältnisse zum Guten hin, zur wachsenden Lebenshilfe hin verändern. Ich bin dazu da, daß es Menschen an meiner Seite leichter haben zu leben, zu glauben und zu lieben. Und das gehört mit zu meiner Platzanweisung als Jünger Jesu, daß ich dem einzelnen an meiner Seite sein Leben und seinen Dienst erträglicher mache. Unser Leben soll einen empfehlenden Charakter haben.

An seinem Tage wird der Herr nicht einmal danach fragen, ob du Bischof warst oder Steuerinspektor oder Rektor oder Facharbeiter oder Hausfrau oder Mutter, sondern ob du an deinem Platz unter den Augen des Herrn treu warst. Treu, verläßlich, stetig – so dürfen Christen auch in der Gemeinde Christi an der Besserung und Änderung der Verhältnisse mitwirken in einem aufbauenden Sinne.

DAS EVANGELIUM AUS- LEBEN

Du sollst kein falsch Zeugnis reden gegen deinen Nächsten.
(2. Mose 20, 16)

Nehmet euch untereinander an, gleichwie Christus euch hat angenommen zu Gottes Lobe.
(Römer 15, 7)

Es ist nicht jedem gegeben, öffentlich das Evangelium zu sagen. Es ist auch nicht jedem gegeben, so schnell auf jemanden zuzugehen und vom Glauben zu sprechen. Aber priesterlich in der vergebenden, ehrenden und mutmachenden Liebe das Evangelium auszuleben, dazu kann jeder, der vom Heiland wiedergeboren

ist, einen Dienst tun, so daß andere einmal sagen können: In seiner Nähe, in ihrer Nähe wurde es uns leichter zu leben, zu lieben und zu glauben.

DIE VERGEBENDE LIEBE

Vergeben heißt: bedeckt lassen. Was unter das Kreuz Jesu gebracht worden ist, was ausgesprochen wurde, das soll auch im Grabe liegen. Wie leicht kann man vieles kaputtmachen, indem man einem anderen immer wieder vorhält: Weißt du noch, damals, was du da gesagt hast, was du da getan hast? Und dabei hat man es einander vergeben.

Vergebende Liebe gibt dem Nächsten die Chance zu einem neuen

Anfang und behaftet ihn nicht bei seiner bisherigen Biographie. Das will ja der Teufel, daß er uns immer wieder behaftet mit unserem alten Leben. Vergebung der Sünden heißt, daß wir um Jesu willen in Gottes Augen gereinigte, befreite und gelöste Leute sind und sein dürfen.

Liebende leben von der Vergebung, gerade in den vier Wänden.

DIE EHRENDE LIEBE

Wir haben alle einen Werthunger in uns. Der Mensch ist nicht wie ein Tier, das seinem Instinkt nach lebt. Wir sind geschichtliche Wesen. Wir können unendlich viel über uns selber nachdenken: Vergangenheit, Gegenwart, Zukunft, und wir möchten so gerne einigen etwas wert sein. In der ehrenden Liebe dürfen wir den anderen merken lassen, daß er uns wert ist. Einer den anderen lieben und ehren, steht im 6. Gebot.

Wir können uns gar nicht genug mit der ehrenden Liebe bedenken. Aber nicht nur in der Ehe und Familie. Das gilt auch für die anderen Menschen, denen ich begegne. Auch die Menschen im Dienstleistungsbereich sollten merken: Er achtet es für wert, daß ich ihm die Post gebe, daß ich als Müllmann die Mülltonnen leere. Wir dürfen in dieser Welt der Abfertigung, in der das Dienen oft mit Dummheit gleichgesetzt wird, ehrende und anerkennende Liebe ausüben.

DIE MUTMACHENDE LIEBE

bedeutet: alles zum Besten kehren. Auch da, wo Schaden passiert ist, kann ich den Schaden begrenzen. Ich muß nicht andere zu Mitwissern von Fehlern machen, es sei denn durchaus nötig. Laßt dies bei uns eine Sackgasse bilden. Laßt uns sogar noch aus dem Schmerz und aus dem Schaden etwas Positives werden lassen und dem anderen die Chance zu einem neuen Anfang geben.
Ich kann für den Gescheiterten beten, daß ich ihm in der rechten mutmachenden Weise begegne und wir miteinander einen neuen Anfang machen. Die mutmachen-

de Liebe gibt dem anderen die Chance, neu anzufangen. Mutmachende Liebe heißt, daß ich noch aus dem Negativsten eine positive Hoffnung für den anderen habe und keinen aufgebe, keinen. Ich will mich lieber zu Tode hoffen, als jemanden durch Unglauben aufgeben. In der Gesinnung Jesu wachen über die Ehre des Nächsten mit der inneren heißen Bitte, daß Gott auch diesen Nächsten, wenn er noch nicht Jesu Eigentum ist, zu einem Glied am Leibe Christi macht, daß es durch mich in dieser Welt anderen leichter wird, zu Jesus zu kommen und im Glauben an Jesus zu wachsen, daß einer dem anderen ein Christus wird, wie Luther sagt.

KÖNNEN SIE EIGENTLICH NOCH STAUNEN?

Können Sie eigentlich noch darüber staunen, daß wir einen Heiland haben dürfen? Danken Sie
dafür, daß es ihn gibt? Danken
Sie für das Blut Jesu Christi, für
Kreuz und Auferstehung Jesu?
Ihr seid mit einem teuren Kauf-
preis erlöst, teuer losgekauft – im
Hintergrund das Bild vom Sklaven, wo man gegen teures Geld
einen Sklaven loskaufte, daß er
nun ein Freier wäre. Wie sagt Luther: erlöst, erworben, gewonnen
von allen Sünden, vom Tod und
von der Gewalt des Teufels.
Keine Hintergrundmächte mehr,
die mich bedrängen dürfen, so
sehr sie es auch versuchen.

Ich bin ein Kind Gottes, geadelt zur Freiheit der Kinder Gottes. Ich brauche nicht mehr Schicksal spielen, brauche nicht mehr mit Zauberzahlen mich abplagen, kann unbefangen in jeden neuen Tag, in jede neue Stunde gehen aus der inneren Überlegenheit des Geliebten, so wie Kagawa gesagt hat: »Glauben heißt, sich jeden Augenblick die Tatsache vergegenwärtigen, daß man geliebt wird.«

CHRISTUS VOR UNS

Das läßt uns den Blick nach vorn in die Zukunft richten. Er, der mit seiner Gnade bei mir angefangen hat, wird mich auch vollenden bis an seinen Tag. Er ist der Garant

für den Fortbestand seiner Gemeinde, auch wenn die Pforten
der Hölle sie überrennen wollen.
Er trägt die Seinen durch die Stür-
me der Endzeit und läßt die Welt-
geschichte reifen zum Tag seiner
Wiederkunft. Er ist für alle gestor-
ben und auferstanden, und darum
will er noch viele durch seine
Leute hinzurufen, die da selig
werden.

Jesus hat das letzte Wort, und
dann hat es keiner mehr. Jesus
schafft durch Gericht und Gnade
die neue Welt Gottes, in der es
keinen Tod und keine Tränen
mehr gibt und wo wir sein werden wie die Träumenden.

Bildnachweis: